Motywacja: Jak rozwijać wewnętrzny ogień, który pomaga osiągać cele

Daria Gałek

Spis treści

1. Wprowadzenie

W dzisiejszych czasach, kiedy konkurencja jest coraz większa, a tempo życia coraz szybsze, motywacja jest kluczowa w osiąganiu sukcesów, zarówno w życiu osobistym, jak i zawodowym. Motywacja jest siłą, która mobilizuje nas do działania, pomaga przekraczać przeszkody i osiągać cele. Jednak, jak zwiększyć swoją motywację, gdy braknie nam sił i energii do działania? Jak radzić sobie z trudnościami, które pojawiają się na drodze do osiągnięcia celów?

W niniejszej książce omówione zostaną różne teorie motywacji, metody wyznaczania celów oraz sposoby na pokonywanie przeszkód. Dowiesz się, jak motywować siebie i innych w pracy, życiu osobistym, sporcie i edukacji oraz jak utrzymać motywację na wysokim poziomie. Znajdziesz tu także informacje na temat tworzenia nawyków, które pomogą w osiągnięciu sukcesów oraz sposoby na zwiększenie swojej pewności siebie.

Niniejsza książka jest przeznaczona dla wszystkich, którzy chcą zwiększyć swoją motywację, pokonać przeszkody i osiągnąć swoje cele. Bez względu na to, czy jesteś osobą pracującą, uczącą się, czy uprawiającą sport, ta książka pomoże Ci znaleźć motywację do działania i przekroczyć swoje ograniczenia.

2. Definiowanie motywacji

Motywacja jest jednym z kluczowych czynników, które wpływają na nasze działania i osiągnięcia. Możemy ją definiować na wiele sposobów, jednakże w każdej z nich pojawia się pojęcie wewnętrznej siły napędowej, która skłania nas do działania. W tym rozdziale omówione zostaną różne definicje motywacji oraz jej znaczenie w osiąganiu celów.

Jedną z popularnych definicji motywacji jest ta, która opisuje ją jako siłę wewnętrzną, która skłania nas do działań zmierzających do osiągnięcia konkretnego celu. Innymi słowy, motywacja jest wewnętrzną siłą napędową, która pobudza nas do osiągania sukcesu i realizowania swoich marzeń.

Kolejna definicja motywacji skupia się na pojęciu potrzeby. Według tej koncepcji, motywacja jest siłą, która pojawia się w nas, gdy odczuwamy brak czegoś, co uważamy za potrzebne. Jeśli więc czujemy, że czegoś nam brakuje, to zaczynamy działać, aby to uzyskać, a ta siła napędowa właśnie nazywana jest motywacją.

Inna popularna definicja motywacji skupia się na celu, który jest dla nas ważny. Według tej koncepcji, motywacja to wewnętrzna siła napędowa, która pobudza nas do działania w kierunku określonego celu. To właśnie cel daje nam motywację, ponieważ jest dla nas ważny i chcemy go osiągnąć.

Niezależnie od definicji, motywacja jest kluczowa w osiąganiu celów. To właśnie dzięki niej, zaczynamy działać i podejmować wysiłki, które są niezbędne do osiągnięcia sukcesu. Motywacja pomaga nam utrzymać naszą koncentrację i wytrwałość w dążeniu do celu, nawet wtedy, gdy pojawiają się przeszkody i trudności.

Motywacja jest również ważna dla naszego samopoczucia i poczucia spełnienia. Kiedy osiągamy cele, które są dla nas ważne, czujemy się lepiej, bardziej pewni siebie i zadowoleni z siebie. To z kolei wpływa na nasze emocje i pozytywnie oddziałuje na nasze życie.

Jednym z kluczowych elementów motywacji jest także planowanie. To właśnie dzięki odpowiednio zaplanowanym działaniom, możemy osiągnąć nasze cele. Planowanie pozwala nam zdefiniować cele i określić, jakie działania będą potrzebne do ich osiągnięcia. Dzięki temu, możemy podejmować skuteczne działania, które doprowadzą nas do sukcesu.

Ponadto, motywacja związana jest z emocjami i zaspokojeniem potrzeb, które są głównym impulsem do działania. Właściwa motywacja może przyczynić się do lepszego samopoczucia, zwiększonej satysfakcji z życia oraz większego poczucia spełnienia.

Z drugiej strony, brak motywacji może prowadzić do frustracji, niskiej samooceny, poczucia beznadziei oraz braku osiągnięć. Dlatego też, ważne jest, aby zrozumieć, co motywuje nas do działania oraz jak można wzmocnić swoją motywację.

Istnieją różne rodzaje motywacji, ale najważniejszym podziałem jest motywacja wewnętrzna i zewnętrzna.

Motywacja wewnętrzna to motywacja, która pochodzi z wewnętrznych przekonań i wartości jednostki. Osoba z motywacją wewnętrzną podejmuje działania, ponieważ wierzy, że są one ważne i potrzebne. To ona jest silna i trwała, ponieważ jest związana z naszymi wartościami i przekonaniami. Ludzie z silną motywacją wewnętrzną często odczuwają przyjemność i satysfakcję z wykonywanych działań, a sama realizacja celów jest dla nich nagrodą.

Motywacja zewnętrzna, z drugiej strony, to motywacja, która pochodzi z zewnętrznych czynników, takich jak nagrody, karanie, opinia innych ludzi. Osoba z motywacją zewnętrzną podejmuje działania, aby zdobyć coś, co znajduje się poza nią, a nie z wewnętrznej potrzeby lub przekonania. Ta forma motywacji może być krótkotrwała i niezadowalająca, ponieważ nagrody zewnętrzne mogą przestać działać jako motywator, a karanie może spowodować tylko chwilową poprawę zachowania.

W tej książce skupimy się na różnych aspektach motywacji, w tym na sposobach zwiększania motywacji wewnętrznej, radzeniu sobie z motywacją zewnętrzną oraz utrzymaniu motywacji na długiej drodze do osiągnięcia celów. Znajdziesz tu również wiele przykładów z życia codziennego, które pomogą Ci zrozumieć, jak motywacja wpływa na nasze życie i jak można ją rozwijać, aby osiągnąć sukces.

3. Psychologia motywacji

Jedną z najważniejszych teorii motywacji jest teoria potrzeb A.H. Maslowa. Według tej teorii, ludzie mają różne potrzeby, które muszą być zaspokojone, aby osiągnęli poczucie spełnienia i satysfakcji z życia. Maslow wymienia pięć rodzajów potrzeb, które mają różny poziom ważności:

1. Potrzeby fizjologiczne - związane z podstawowymi potrzebami organizmu, takimi jak jedzenie, picie, sen, przetrwanie.

2. Potrzeby bezpieczeństwa - związane z poczuciem bezpieczeństwa i ochrony, takie jak posiadanie dachu nad głową, stabilne zatrudnienie, ochrona przed niebezpieczeństwami.

3. Potrzeby przynależności i miłości - związane z potrzebą bliskości z innymi ludźmi, przyjaźni, miłości, akceptacji społecznej.

4. Potrzeby uznania i szacunku - związane z potrzebą uznania i szacunku ze strony innych ludzi, a także z poczuciem własnej wartości i szacunku do samego siebie.

5. Potrzeby samorealizacji - związane z dążeniem do realizacji swojego pełnego potencjału, rozwijania swoich umiejętności i zdolności, osiągnięcia poczucia spełnienia i satysfakcji z życia.

Teoria Maslowa stanowi podstawę dla wielu działań związanych z motywacją w pracy, edukacji oraz innych dziedzinach życia. Daje ona wskazówki, jakie potrzeby należy zaspokajać w pierwszej kolejności, aby zwiększyć motywację i poczucie spełnienia u ludzi.

Inną ważną teorią motywacji jest teoria oczekiwań Vrooma. Według tej teorii, motywacja wynika z oczekiwań co do efektów działania.

Wyróżnia się trzy rodzaje oczekiwań: oczekiwania co do wydajności (expectancy), oczekiwania co do instrumentacji (instrumentality) oraz oczekiwania co do wartości (valence).

Oczekiwania co do wydajności dotyczą przekonania jednostki, że jej wysiłek przyczyni się do osiągnięcia pożądanych rezultatów. Innymi słowy, osoba musi wierzyć, że jej wysiłek doprowadzi do dobrych wyników. Jeśli osoba wierzy, że jej wysiłek nie będzie miał wpływu na wyniki, to nie będzie ona miała motywacji do działania.

Oczekiwania co do instrumentacji odnoszą się do przekonania jednostki, że osiągnięcie pożądanych wyników jest związane z wykonaniem określonego działania. Innymi słowy, osoba musi wierzyć, że jeśli wykonuje konkretne zadania, to przyczyni się to do osiągnięcia celu. Jeśli osoba uważa, że wykonanie zadania nie wpłynie na osiągnięcie celu, to nie będzie ona miała motywacji do działania.

Ostatecznie, oczekiwania co do wartości dotyczą tego, jak bardzo jednostka pragnie osiągnąć cel. Innymi słowy, jednostka musi wierzyć, że osiągnięcie celu jest dla niej ważne. Jeśli osoba nie widzi wartości w osiągnięciu celu, to nie będzie ona miała motywacji do działania.

Teoria oczekiwań Vrooma jest bardzo ważna w kontekście zarządzania zasobami ludzkimi, ponieważ jej zastosowanie pozwala na zrozumienie, dlaczego niektórzy pracownicy są bardziej skłonni do pracy niż inni. Odpowiednie nagrody i motywatory muszą być dostosowane do różnych oczekiwań jednostek, aby zwiększyć ich motywację i osiągnąć pożądane wyniki.

Trzecią teorię zaproponowali Deci i Ryan. Jest to teoria samostanowienia, która koncentruje się na znaczeniu autonomii w motywacji i samoregulacji. Według tej teorii, ludzie są motywowani do działania, kiedy czują, że mają kontrolę nad swoim życiem i decyzjami. Deci i Ryan wyróżnili trzy podstawowe potrzeby, które wpływają na nasze poczucie autonomii: potrzebę autonomii, potrzebę kompetencji i potrzebę związku społecznego.

Potrzeba autonomii dotyczy poczucia, że mamy wpływ na swoje życie i podejmujemy decyzje samodzielnie. Jeśli ludzie czują, że ich wybory są narzucane z zewnątrz, a nie są zgodne z ich własnymi wartościami i przekonaniami, mogą tracić motywację do działania.

Potrzeba kompetencji dotyczy poczucia, że jesteśmy w stanie wykonywać zadania i osiągać cele. Kiedy czujemy, że coś nam nie wychodzi lub nie mamy odpowiednich umiejętności, możemy czuć się zdezorientowani i zniechęceni.

Potrzeba związku społecznego dotyczy naszego postrzegania związków z innymi ludźmi i poczucia, że jesteśmy częścią większej społeczności. Kiedy czujemy, że jesteśmy doceniani i szanowani przez innych, może to zwiększyć naszą motywację do działania.

Teoria samostanowienia sugeruje, że im bardziej zaspokojone są nasze potrzeby autonomii, kompetencji i związku społecznego, tym większa będzie nasza motywacja do działania. Ponadto, Deci i Ryan wskazują, że jeśli motywacja wynika z naszej wewnętrznej potrzeby, a nie zewnętrznych nagród lub kar, będzie ona bardziej trwała i skuteczna w osiąganiu celów.

Ta teoria skupia się na roli autonomii i kontroli w motywacji. Według niej, ludzie są bardziej motywowani, kiedy czują, że mają kontrolę nad swoim życiem i podejmują decyzje zgodne z ich wartościami i przekonaniami. Zaspokojenie potrzeb autonomii, kompetencji i związku społecznego może również przyczynić się do zwiększenia motywacji do działania.

4. Wyznaczanie celów

Wyznaczanie celów jest kluczowe dla osiągnięcia sukcesu w życiu. Celem może być wszystko, co chcemy osiągnąć, od małych kroków w codziennym życiu po duże cele związane z karierą czy życiem osobistym. W tym rozdziale omówimy różne sposoby wyznaczania celów oraz jak ustalać realistyczne cele.

Istnieją różne sposoby wyznaczania celów. Jednym z najpopularniejszych jest metoda SMART, czyli cele muszą być: Specyficzne, Mierzalne, Osiągalne, Realistyczne oraz Terminowe. Specyficzność celu polega na tym, że musimy określić, co chcemy osiągnąć w konkretny sposób. Cel musi być mierzalny, co oznacza, że musimy określić, jak będziemy mierzyć postępy w osiągnięciu celu. Cel musi być osiągalny i realistyczny, aby nie doprowadzić do frustracji i porażki. Wreszcie, cel musi być terminowy, co oznacza, że musimy określić, kiedy chcemy go osiągnąć.

Kolejnym sposobem wyznaczania celów jest metoda GROW. Ten akronim oznacza cele związane z rozwojem (Goal), rzeczywistością (Reality), opcjami (Options) oraz planem działania (Way forward). Metoda ta skupia się na konkretnych krokach, które należy podjąć, aby osiągnąć cel. Pierwszym krokiem jest określenie celu, następnie należy przeanalizować rzeczywistość i zastanowić się, jakie opcje są dostępne, aby osiągnąć cel. Ostatecznie, należy wybrać plan działania, który pomoże w realizacji celu.

Kolejnym sposobem wyznaczania celów jest metoda VISION. Ta metoda skupia się na tworzeniu wizji, czyli określeniu, jaki chcemy być w przyszłości. Wizja musi być realistyczna, a jednocześnie ambitna, aby zainspirować i motywować do działania. Wizja powinna być również spójna z naszymi wartościami i pasjami.

Niezależnie od metody wyznaczania celów, ważne jest, aby cele były realistyczne. Realistyczne cele są te, które są osiągalne i dostosowane do naszych umiejętności i sytuacji życiowej. Nierealistyczne cele, które są zbyt trudne do osiągnięcia, mogą doprowadzić do frustracji i porażki. Dlatego ważne jest, aby określić cele, które są odpowiednie dla naszej sytuacji i umiejętności.

Bardzo ważne też jest aby cele były mierzalne i konkretnie określone. To pozwoli na łatwiejszą ocenę postępów i osiągnięć, a także na określenie kierunku dalszych działań.

Kolejnym ważnym elementem jest określenie priorytetów. W sytuacji, gdy mamy wiele celów, ważne jest aby wyznaczyć te najważniejsze i skupić się na nich w pierwszej kolejności.

Nie można również zapomnieć o elastyczności w podejściu do wyznaczonych celów. Często zdarza się, że w trakcie realizacji planów pojawiają się nowe okoliczności i trzeba dostosować cele do zmieniającej się sytuacji.

Warto również pamiętać o motywacji, która stanowi silny czynnik wpływający na naszą zdolność do realizacji celów. Dlatego ważne jest, aby nasze cele były powiązane z naszymi wartościami, marzeniami i pasjami, co pozwoli nam utrzymać wysoki poziom motywacji.

W końcu, warto zwrócić uwagę na fakt, że wyznaczanie celów nie jest jednorazowym działaniem. To proces, który wymaga regularnej refleksji, weryfikacji i dostosowywania do zmieniających się okoliczności.

Wyznaczanie celów może przynieść wiele korzyści, zarówno w życiu prywatnym, jak i zawodowym. Oto niektóre z nich:

1. Skupienie uwagi: Wyznaczenie celów pomaga nam skoncentrować się na tym, co jest dla nas ważne i co chcemy osiągnąć, co pozwala nam na uniknięcie rozpraszających czynników.

2. Motywacja: Określenie celów daje nam poczucie kierunku i przynależności do czegoś większego niż tylko bieżące wyzwania. Możemy czuć się bardziej zmotywowani do działania, gdy wiemy, na czym nam zależy.

3. Wydajność: Mając jasny cel przed oczami, jesteśmy w stanie działać bardziej skutecznie i efektywnie, ponieważ wiemy, na czym się skupić i co jest najważniejsze.

4. Samodyscyplina: Wyznaczenie celów wymaga od nas systematycznego działania, co pozwala nam na rozwój samodyscypliny i siły woli.

5. Samorealizacja: Wyznaczenie i osiągnięcie celów daje nam poczucie satysfakcji, osiągnięcia czegoś ważnego i spełnienia, co wpływa pozytywnie na nasze poczucie własnej wartości i samorealizację.

15

5. Pokonywanie przeszkód

W trakcie dążenia do osiągnięcia celów często napotykamy różnego rodzaju przeszkody. Mogą to być trudności związane z naszymi umiejętnościami, brak odpowiednich zasobów lub ograniczające nas przekonania. W tym rozdziale omówimy różne sposoby na pokonywanie przeszkód i osiąganie sukcesów.

1. Zidentyfikuj przeszkody

Zidentyfikowanie przeszkód jest pierwszym krokiem w pokonywaniu ich. Aby to zrobić, należy dokładnie przyjrzeć się sytuacji i określić, co stanowi problem. Można to zrobić, zadając sobie pytania, na przykład:

- Co dokładnie utrudnia mi osiągnięcie celu?
- Czy mam wystarczające zasoby, aby to osiągnąć?
- Czy coś stoi na przeszkodzie, co jest poza moją kontrolą?
- Czy potrzebuję pomocy lub wsparcia innych ludzi, aby pokonać przeszkodę?
- Czy jestem w stanie zidentyfikować konkretną akcję, którą muszę podjąć, aby przezwyciężyć przeszkodę?

Po zidentyfikowaniu przeszkody ważne jest, aby nie tracić z niej na oczach i nie myśleć o niej w kategoriach nie do pokonania. Zamiast tego, skupić się na tym, co można zrobić, aby ją pokonać.

2. Określ strategię

Po zidentyfikowaniu przeszkód, ważne jest określenie strategii, która pozwoli na ich pokonanie. W tym celu należy przeanalizować przeszkody i znaleźć sposoby, które pomogą je pokonać. W przypadku niektórych przeszkód może być konieczne zmienienie podejścia lub

sposobu myślenia, podczas gdy w przypadku innych potrzebne mogą być konkretne działania.

Przykładowo, jeśli przeszkodą jest brak wiedzy lub umiejętności potrzebnych do osiągnięcia celu, strategią może być podjęcie działań szkoleniowych lub szukanie informacji na ten temat. Natomiast, jeśli przeszkodą jest brak czasu, warto rozważyć reorganizację harmonogramu, aby znaleźć czas na podejmowanie działań związanych z osiągnięciem celu.

Przy określaniu strategii można zadać sobie wiele pytań, w zależności od kontekstu i charakteru przeszkody. Poniżej przedstawiam kilka przykładowych pytań, które mogą pomóc w określeniu odpowiedniej strategii:

- Jakie podejście może być najskuteczniejsze w danym przypadku?
- Czy istnieją podobne sytuacje, z których można wyciągnąć wnioski i zastosować je w bieżącej sytuacji?
- Czy potrzebuję pomocy specjalisty w rozwiązaniu problemu?
- Jakie są alternatywne sposoby działania?
- Jakie są koszty i korzyści każdej z proponowanych strategii?

- Jakie są najważniejsze cele i jak strategia wpływa na ich osiągnięcie?
- Jakie są długoterminowe konsekwencje wybranej strategii?
- Jakie są oczekiwania innych osób i jak strategia wpływa na ich zadowolenie?
- Jakie są moje mocne strony i jak mogę je wykorzystać do rozwiązania problemu?
- Jakie są moje słabe strony i jak mogę je zniwelować, aby osiągnąć cel?

Kluczowe jest określenie konkretnych działań i planowanie kroków potrzebnych do pokonania przeszkód. W ten sposób można stworzyć skuteczną strategię i zwiększyć szanse na osiągnięcie celu.

3. Pracuj nad umiejętnościami

Kolejnym sposobem na pokonywanie przeszkód jest praca nad umiejętnościami potrzebnymi do osiągnięcia celu. Często przeszkody wynikają z braku umiejętności lub wiedzy potrzebnych do wykonania określonego zadania. W takiej sytuacji warto poświęcić czas i wysiłek na naukę nowych umiejętności lub doskonalenie już posiadanych.

Można to zrobić na wiele sposobów, na przykład poprzez szkolenia, kursy, czytanie książek lub artykułów na dany temat, uczestnictwo w warsztatach, praktykowanie w domu lub pracy, a także poprzez pracę z mentorem lub trenerem.

Oto kilka pytań, które możesz sobie zadać, aby pracować nad swoimi umiejętnościami:

- Jakie umiejętności są potrzebne do pokonania tej przeszkody?
- W jakich obszarach powinienem poprawić swoje umiejętności?
- Jakie sposoby nauki są dla mnie najlepsze?
- Jakie są moje mocne strony i w jakim stopniu mogę je wykorzystać w celu przezwyciężenia przeszkody?
- Jakie są moje słabe strony i jak mogę nad nimi pracować?
- Jakie zadania lub aktywności mogę wykonywać, aby rozwijać swoje umiejętności w danym obszarze?
- Czy istnieją kursy, szkolenia lub programy szkoleniowe, które mogą mi pomóc w poprawie moich umiejętności?
- Jakie korzyści przyniesie mi rozwijanie konkretnych umiejętności?
- Jakie konsekwencje poniosę, jeśli nie będę pracował nad swoimi umiejętnościami w celu pokonania przeszkody?
- Jakie kroki mogę podjąć, aby zwiększyć swoją motywację do pracy nad swoimi umiejętnościami?

Warto zwrócić uwagę na to, że doskonalenie umiejętności może wymagać czasu, wysiłku i cierpliwości, ale przyniesie to pozytywne efekty w przyszłości. Im lepiej opanujemy potrzebne umiejętności, tym łatwiej będzie nam pokonywać przeszkody i osiągać cele.

4. Pracuj nad przekonaniami

Kolejnym sposobem na pokonywanie przeszkód w osiąganiu celów jest praca nad przekonaniami. Często nasze przekonania i sposób myślenia wpływają na nasze działania i reakcje na sytuacje. Jeśli mamy negatywne przekonania na temat naszych umiejętności lub naszych szans na osiągnięcie celu, może to skutecznie zniechęcić nas do dalszych działań.

Dlatego ważne jest, aby pracować nad swoimi przekonaniami i zmienić je na bardziej pozytywne i konstruktywne. Można to osiągnąć poprzez samodzielne refleksje, rozmowy z zaufanymi osobami lub korzystanie z pomocy psychologicznej.

Ważne jest również, aby unikać myślenia czarno-białego, czyli sytuacji, w których uważamy, że coś musi być albo "wszystko albo nic". Lepiej patrzeć na sytuacje i cele w sposób realistyczny i elastyczny, otwarty na różne możliwości.

Przykładem może być cel związany z nauką języka obcego. Jeśli mamy przekonanie, że nie jesteśmy w stanie nauczyć się języka, to może to skutecznie zniechęcić nas do podjęcia działań. W takiej sytuacji ważne jest, aby zmienić to przekonanie na bardziej pozytywne, np. "Mogę nauczyć się języka obcego, jeśli poświęcę na to odpowiednio dużo czasu i wysiłku".

Kiedy chodzi o pracę nad przekonaniami, warto zadać sobie takie pytania jak:

- Jakie mam przekonania na temat siebie i swoich umiejętności?

- Czy moje przekonania są oparte na faktach czy na emocjach?
- Czy moje przekonania są pozytywne czy negatywne?
- Jakie są korzyści z posiadania pozytywnych przekonań o sobie i swoich umiejętnościach?
- Jakie są konsekwencje negatywnych przekonań?
- Jakie przekonania chciałbym zmienić i dlaczego?
- Jak mogę zmienić swoje przekonania na pozytywne?
- Jakie kroki mogę podjąć, aby zacząć zmieniać swoje przekonania?
- Jakie sytuacje mogą mi pomóc wzmocnić moje pozytywne przekonania?
- Jakie zasoby mogę wykorzystać, aby pomóc sobie w pracy nad przekonaniami?

Praca nad przekonaniami może pomóc w pokonywaniu przeszkód w drodze do osiągnięcia celów oraz w utrzymaniu motywacji na wysokim poziomie.

5. Pozwól sobie na błędy

W drodze do osiągnięcia celów nieuniknione są błędy i niepowodzenia. Ważne jest, aby pozwolić sobie na nie i traktować je jako cenne doświadczenia. Praca nad osiągnięciem celów wymaga czasu, wysiłku i cierpliwości, dlatego ważne jest, aby nie zniechęcać się po pierwszym niepowodzeniu. Warto spojrzeć na błędy jako na możliwość nauki, aby uniknąć ich w przyszłości. Niektóre z błędów mogą być wynikiem braku wiedzy lub umiejętności, a wtedy warto zainwestować czas i wysiłek w zdobycie potrzebnych informacji lub szkolenia.

Oto kilka pytań, które możesz sobie zadać w celu pozwalania sobie na błędy:

- Czy uważam, że błędy są nieuniknione w procesie uczenia się?
- Jakie błędy popełniłem w przeszłości i co nauczyłem się z tych doświadczeń?
- Czy jestem zbyt surowy dla siebie, gdy popełniam błędy?
- Jakie kroki mogę podjąć, aby uniknąć popełniania tych samych błędów w przyszłości?
- Jakie korzyści płyną z popełniania błędów i jak mogę je wykorzystać do swojego rozwoju?

Pozwolenie sobie na błędy może również pomóc w budowaniu pewności siebie i zwiększeniu motywacji. Kiedy uczymy się na błędach, stajemy się bardziej świadomi swojego postępu i zdolności do osiągnięcia celów. Warto zatem zawsze patrzeć na swoje działania w pozytywnym świetle i traktować każde niepowodzenie jako krok naprzód w drodze do sukcesu.

6. Zachowaj pozytywne podejście

Zachowanie pozytywnego podejścia jest kluczowe w pokonywaniu przeszkód i osiąganiu celów. Kiedy stajemy przed trudnościami, łatwo jest wpaść w negatywne myślenie, które może zniechęcić nas do kontynuowania działań. Dlatego tak ważne jest, aby skupić się na pozytywnych aspektach i zachować optymizm.

Ważne jest, aby zawsze patrzeć na przeszkody jako na wyzwania, a nie na niepowodzenia. W ten sposób można skupić się na szukaniu rozwiązań zamiast skupiać się na problemie. Warto pamiętać, że każda przeszkoda jest okazją do nauki i rozwoju.

Aby zachować pozytywne podejście, warto skupić się na swoich sukcesach i osiągnięciach z przeszłości. Przypomnienie sobie, że udało nam się wcześniej pokonać trudności, może pomóc w utrzymaniu pozytywnego nastawienia w obliczu nowych wyzwań.

Ważne jest także otoczenie się ludźmi, którzy nas wspierają i motywują.

Dobra rada lub wsparcie ze strony bliskich może pomóc nam zyskać perspektywę i odnaleźć pozytywne podejście.

Oto kilka przykładowych pytań, jakie możesz sobie zadać, aby utrzymać pozytywne podejście:

- Jakie korzyści wynikają z trzymania się pozytywnego podejścia?
- Jakie pozytywne myśli mogę sobic powtarzać, aby zachować optymizm?
- Jakie techniki relaksacyjne mogę zastosować, aby zmniejszyć stres i negatywne emocje?
- Jak mogę skupić się na swoich sukcesach i osiągnięciach zamiast na porażkach?
- Jak mogę zidentyfikować pozytywne aspekty każdej sytuacji, nawet jeśli jest to trudne?
- Jakie przykłady mogę sobie przypomnieć, kiedy wcześniej pokonywałem trudności i osiągałem sukcesy?

- Jak mogę otoczyć się pozytywnymi ludźmi, którzy mnie wspierają i motywują?
- Jak mogę przekształcić negatywne myśli na pozytywne i konstruktywne?
- Jakie kroki mogę podjąć, aby zachować równowagę między pracą a odpoczynkiem, co pozwoli mi zachować pozytywne podejście?

Ostatecznie, ważne jest, aby pamiętać, że każdy ma wpływ na swoje myśli i emocje. Można nauczyć się kontrolować swoje myśli i kierować swoim myśleniem w pozytywnym kierunku. To umiejętność, którą warto rozwijać, aby utrzymać pozytywne podejście w każdej sytuacji.

7. Poszukaj wsparcia

Gdy napotykasz przeszkody na drodze do osiągnięcia swoich celów,

warto szukać wsparcia. Możesz porozmawiać z rodziną, przyjaciółmi, mentorami lub coachem. Ktoś spoza twojego środowiska może zobaczyć sytuację z innej perspektywy i pomóc ci znaleźć rozwiązanie problemu.

Jeśli napotkasz przeszkodę w pracy, możesz porozmawiać z przełożonym lub kolegą z pracy. Często inni ludzie w twoim miejscu pracy mają wiedzę lub umiejętności, które pomogą ci rozwiązać problem.

Jeśli twoja przeszkoda dotyczy zdrowia lub związana jest z aktywnością fizyczną, możesz szukać wsparcia w klubie sportowym lub u trenera personalnego. Mogą pomóc ci znaleźć sposoby na pokonanie przeszkody i osiągnięcie swojego celu.

Szukając wsparcia warto zapytać siebie:

- Kto może mi pomóc w przezwyciężeniu przeszkód?
- Jakie organizacje lub grupy wsparcia istnieją w moim mieście?
- Czy mam przyjaciół lub rodzinę, którzy mogą mi pomóc?
- Czy warto skorzystać z pomocy zawodowego doradcy lub terapeuty?
- Czy warto zacząć pracować z trenerem lub mentorem?
- Jakie narzędzia lub aplikacje mogą mi pomóc w osiągnięciu celów?
- Czy warto przeczytać książkę lub artykuł na temat przeciwdziałania przeszkodom?
- Czy mogę znaleźć inspirację lub motywację wśród osób, które osiągnęły podobne cele?
- Jakie są inne sposoby na znalezienie wsparcia w mojej sytuacji?

Pamiętaj, że szukanie wsparcia nie jest oznaką słabości, ale odwagą i mądrością. Nie musisz radzić sobie ze wszystkim sam, a wspieranie się nawzajem może być bardzo korzystne dla twojej motywacji i osiągania celów.

8. Działaj krok po kroku

Często przeszkody, które stawiają się na drodze do osiągnięcia celów, są tak duże lub skomplikowane, że trudno jest je pokonać jednym ruchem. Dlatego ważne jest, aby działać krok po kroku, dzieląc dużą przeszkodę na mniejsze i łatwiejsze do wykonania etapy.

Najpierw warto wyznaczyć cel końcowy, następnie przeanalizować drogę do jego osiągnięcia i podzielić ją na mniejsze etapy. Ważne jest, aby każdy etap był realistyczny i mierzalny, aby można było na bieżąco oceniać postępy. Działając w ten sposób, łatwiej zmotywować się do pracy i zobaczyć realne postępy, co z kolei dodaje energii i motywacji do dalszego działania.

Przykładem może być chęć biegnięcia maratonu. Osoba, która nigdy nie biegała, nie powinna od razu próbować przebiec pełną długość maratonu. Zamiast tego, powinna wyznaczyć sobie mniejsze cele, takie jak bieganie kilku kilometrów bez przerwy, potem zwiększanie dystansu stopniowo, aż do osiągnięcia pełnej długości maratonu. Działając krok po kroku, osoba ta może osiągnąć swój cel bez poczucia przytłaczającej przeszkody.

Pamiętaj, że kluczem do osiągnięcia sukcesu jest planowanie i podejmowanie działań krok po kroku. Dlatego warto zadać sobie te pytania i działać zgodnie z planem:

- Jakie kroki muszę podjąć, aby osiągnąć cel?
- Jakie zasoby będę potrzebować do wykonania każdego kroku?
- Jakie osoby lub instytucje mogą mi pomóc w realizacji mojego planu?
- Jakie narzędzia lub technologie mogę wykorzystać, aby ułatwić sobie pracę?

- Jakie przeszkody mogą pojawić się na drodze i jakie strategie mogę zastosować, aby je pokonać?

- Jak często muszę monitorować postępy i jakie wskaźniki powinienem stosować, aby określić, czy osiągam swoje cele?

- Co mogę zrobić, aby utrzymać swoją motywację i trzymać się planu działania, nawet gdy pojawią się trudności?

Działanie krok po kroku jest również pomocne w przypadku wystąpienia niespodziewanych przeszkód lub problemów. Zamiast panikować i porzucać cel, można przyjrzeć się problemowi, zidentyfikować przyczyny i działać krok po kroku, aby rozwiązać problem i kontynuować pracę nad swoim celem.

9. Przeanalizuj przyczyny problemu

Kolejnym sposobem na pokonanie przeszkód jest dokładna analiza przyczyn problemu. Zanim podejmiemy jakiekolwiek działania, warto zastanowić się, co doprowadziło do danej sytuacji i jakie czynniki wpłynęły na powstanie problemu.

Często zdarza się, że przeszkoda wynika z naszych własnych działań lub zaniedbań. Przykładowo, gdy nie osiągamy zamierzonych wyników w pracy, może to wynikać z braku koncentracji lub niewłaściwej organizacji czasu. Identyfikacja przyczyn problemu pozwoli nam na lepsze zrozumienie sytuacji oraz na wypracowanie skuteczniejszych rozwiązań.

Po zidentyfikowaniu przyczyn problemu, warto przemyśleć, jakie kroki możemy podjąć, aby go rozwiązać. Czasem wystarczy jedynie wprowadzenie drobnych zmian, a innym razem wymaga to bardziej złożonej strategii. Bez dokładnej analizy przyczyn problemu, ciężko jest podejmować racjonalne i skuteczne decyzje.

Zależy to od kontekstu sytuacji, ale na ogół przydatne pytania, które można zadać, aby zidentyfikować przyczyny problemu, to:

- Co poszło nie tak?
- Co było trudne w realizacji celu?
- Jakie czynniki wpłynęły na niepowodzenie?
- Czy była to kwestia braku wiedzy, umiejętności, zasobów?
- Czy były jakieś błędy w planowaniu lub wykonaniu?
- Czy wpłynęły na to zewnętrzne czynniki, np. problemy zdrowotne, trudne warunki atmosferyczne, konflikty w zespole?
- Czy był to brak motywacji lub zbyt ambitny cel?
- Co można było zrobić inaczej?
- Jakie lekcje można wyciągnąć z tego doświadczenia?
- Jakie działania można podjąć, aby uniknąć podobnych problemów w przyszłości?

Przy analizie przyczyn problemu, warto też zwrócić uwagę na swoje myślenie. Często bowiem przeszkody wynikają z naszych negatywnych przekonań i myśli, które uniemożliwiają nam widzenie sytuacji w sposób realistyczny. W takim przypadku konieczne może być zmienienie sposobu myślenia i odnalezienie pozytywnych aspektów sytuacji, aby móc podjąć skuteczne działania.

10. Utrzymuj zdrowy tryb życia

W kontekście pokonywania przeszkód na drodze do osiągnięcia celów, utrzymanie zdrowego trybu życia jest bardzo ważne. Oto kilka powodów, dla których warto zadbać o swoje zdrowie podczas realizacji celów:

1. Lepsze samopoczucie - Regularna aktywność fizyczna, zdrowa dieta i odpowiednia ilość snu wpływają korzystnie na nasze samopoczucie i nastrój. Dzięki temu możemy lepiej radzić sobie z trudnościami i przeszkodami, które pojawiają się na drodze do celu.

2. Większa wytrzymałość - Jeśli mamy zdrowe ciało i umysł, jesteśmy

bardziej wytrzymali i mniej podatni na choroby i kontuzje. Dzięki temu możemy kontynuować pracę nad swoim celem, nawet jeśli pojawiają się trudności.

3. Większa koncentracja i skuteczność - Zdrowy styl życia pomaga nam zachować wysoką koncentrację i efektywność, co pozwala nam lepiej radzić sobie z zadaniami i przeszkodami na drodze do celu.

Oto kilka pytań, które warto sobie zadać, aby utrzymać zdrowy tryb życia podczas realizacji celów:

- Jakie ćwiczenia fizyczne mogę wykonywać, aby zachować kondycję i zdrowie?
- Jakie produkty spożywcze powinienem włączyć do swojej diety, aby dostarczyć organizmowi niezbędnych

składników odżywczych?

- Jakie sposoby relaksu mogę stosować, aby zredukować stres i poprawić samopoczucie?
- Jak długo powinienem spać, aby zapewnić sobie odpowiednią ilość odpoczynku i regeneracji organizmu?
- Jakie korzyści dla mojego zdrowia przyniesie zmniejszenie ilości alkoholu, papierosów czy innych szkodliwych substancji w moim życiu?

Pamiętajmy, że zdrowy tryb życia nie tylko pomaga nam pokonywać przeszkody na drodze do celów, ale również przyczynia się do poprawy jakości naszego życia w ogóle.

11. Wyciągaj wnioski

Wyciąganie wniosków jest istotnym elementem procesu pokonywania przeszkód. Każda przeszkoda, którą udało się pokonać, to okazja do refleksji i nauki na przyszłość. Wyciągając wnioski z przeszłych doświadczeń,

można unikać popełniania tych samych błędów w przyszłości.

Aby skutecznie wyciągać wnioski, warto zadać sobie kilka pytań:

- Co było źródłem tej przeszkody?
- Co udało mi się zrobić, by ją pokonać?
- Co mogę zrobić inaczej w przyszłości, by uniknąć podobnych przeszkód?
- Jakie lekcje wyniosłem z tego doświadczenia?
- Jakie umiejętności czy wiedzę muszę nabyć, by być lepiej przygotowanym na przyszłe przeszkody?

Odpowiadając na te pytania i ucząc się na własnych błędach, można zwiększyć swoją skuteczność w pokonywaniu przeszkód i osiąganiu celów.

12. Pamiętaj o odpoczynku

Odpoczynek jest ważnym elementem w pokonywaniu przeszkód na drodze do osiągnięcia celów. Zbyt wiele stresu i napięcia może prowadzić do wypalenia zawodowego, chorób fizycznych i mentalnych, a także utrudnić koncentrację i wydajność.

Odpoczynek powinien być regularną praktyką, która pozwoli nam na zregenerowanie sił i naładowanie akumulatorów, aby móc działać efektywnie i skutecznie. Oto kilka sposobów, jak możemy zadbać o odpoczynek:

1. Znajdź czas na hobby lub aktywności, które sprawiają ci przyjemność i relaksują, na przykład czytanie, rysowanie, spacerowanie w parku lub słuchanie muzyki.

2. Ćwicz techniki relaksacyjne, takie jak medytacja, jogę lub głębokie oddychanie, które pomogą ci zredukować stres i napięcie.

3. Zadbaj o swoje potrzeby fizyczne, takie jak sen, zdrowe odżywianie i regularną aktywność fizyczną.

4. Ogranicz korzystanie z urządzeń elektronicznych, takich jak telewizor, tablet czy smartfon, zwłaszcza przed snem.

5. Znajdź czas na spokojne rozmowy z rodziną i przyjaciółmi lub na spotkania z ludźmi, którzy sprawiają ci przyjemność.

6. Zastanów się nad tym, jak możesz zorganizować swój dzień lub tydzień, aby mieć więcej czasu na odpoczynek i relaks.

Pamiętaj, że odpoczynek jest równie ważny jak praca, a nawet może wpłynąć pozytywnie na Twoją wydajność i kreatywność. Znajdź sposób, który najlepiej działa dla Ciebie i zacznij regularnie dbać o swoje potrzeby odpoczynku.

Aby jest lepiej zrozumieć jak odpoczywać możesz zadać sobie następujące pytania:

- Jakie aktywności sprawiają mi przyjemność i relaksują mnie?
- Czy mam plan odpoczynku i czas na relaks w ciągu dnia/tygodnia?
- Jakie techniki relaksacyjne mogę wypróbować, aby złagodzić napięcie i stres?
- Czy znam swoje ograniczenia i umiem powiedzieć "nie", jeśli potrzebuję odpoczynku?
- Jakie sposoby mam na radzenie sobie ze stresem, który utrudnia mi odpoczynek?
- Czy jestem świadomy swojego stanu emocjonalnego i potrafię odpocząć, kiedy czuję się przytłoczony?
- Czy korzystam z technologii w sposób umiarkowany i potrafię odciąć się od pracy w wolnym czasie?
- Jakie miejsca lub czynności pomagają mi wyciszyć się i odpocząć?
- Jak często biorę sobie czas na relaks i odpoczynek, i czy jest to wystarczające?

Pokonywanie przeszkód w osiąganiu celów jest nieodłącznym elementem procesu zmiany i rozwoju osobistego. Zidentyfikowanie przeszkód, określenie strategii, praca nad umiejętnościami i przekonaniami, pozwolenie sobie na błędy, zachowanie pozytywnego podejścia, poszukiwanie wsparcia, działanie krok po kroku, analiza przyczyn problemu, utrzymywanie zdrowego trybu życia, odpoczynek i wyciąganie wniosków - to kluczowe kroki, które pomogą nam pokonać przeszkody na drodze do osiągnięcia celów.

Pamiętajmy, że przeszkody są naturalną częścią każdego procesu zmiany i rozwoju, i że każdego dnia możemy nauczyć się czegoś nowego, wyzwolić swoje wewnętrzne zasoby i osiągać swoje cele. Ważne jest, aby podejść do przeszkód z pozytywnym podejściem i wiarą we własne możliwości, a także czerpać wsparcie z otaczającego nas świata, w tym z ludzi, którzy nas otaczają.

6. Tworzenie nawyków

Często słyszymy, że powtarzanie czynności przez określony czas pozwala na stworzenie nawyku. Ale czy tak naprawdę jest to takie proste? Czy stworzenie nawyku rzeczywiście pomaga nam osiągnąć nasze cele? W tym rozdziale omówimy sposoby na tworzenie pozytywnych nawyków, które pomogą w osiąganiu celów.

1. Określ cel

Określenie celu jest kluczowe dla tworzenia pozytywnych nawyków. Bez wyraźnego celu trudno jest się skoncentrować i utrzymać motywację do regularnego wykonywania określonych działań.

Aby określić cel, należy zastanowić się, co chcemy osiągnąć, i dlaczego jest to dla nas ważne. Cel powinien być konkretny, mierzalny i osiągalny w określonym czasie. Im bardziej dokładnie zdefiniujemy cel, tym łatwiej będzie nam zaplanować działania, które będą prowadzić do jego osiągnięcia.

Przykładowo, jeśli celem jest utrata wagi, należy określić, ile kilogramów chcemy stracić w ciągu określonego czasu. Jeśli chcemy nauczyć się nowego języka, powinniśmy określić, na jakim poziomie znajomości chcemy się znaleźć w określonym czasie.

Określenie celu powinno być zawsze związane z naszymi wartościami i długofalowymi planami. Dzięki temu, że cel jest zgodny z naszymi wartościami, łatwiej jest nam utrzymać motywację, a osiągnięcie celu stanowi krok w kierunku realizacji naszych długoterminowych planów.

Warto również pamiętać, że cele mogą ulegać zmianie w trakcie realizacji. Dlatego warto co jakiś czas zweryfikować cel i, jeśli zajdzie taka potrzeba, wprowadzić do niego odpowiednie zmiany.

2. Wybierz jeden nawyk

Kiedy już określisz swoje cele, czas zastanowić się nad jednym nawykiem, który chcesz wprowadzić w swoje życie. Wybierz taki nawyk, który jest związany z twoim celem i który pozwoli ci osiągnąć go w sposób bardziej skuteczny.

Na przykład, jeśli twoim celem jest utrata wagi, dobrym nawykiem, który możesz wprowadzić, jest regularna aktywność fizyczna. Jeśli twoim celem jest zdobycie nowych umiejętności, dobrym nawykiem, który możesz wprowadzić, jest codzienne poświęcanie czasu na naukę.

Pamiętaj, że wybór jednego nawyku na raz jest kluczowy, ponieważ skupienie się na zbyt wielu nawykach jednocześnie może być przytłaczające i trudne do osiągnięcia.

Gdy już wybierzesz jeden nawyk, który chcesz wprowadzić, zacznij od małych kroków. Zamiast próbować wprowadzić go w pełni od razu, zacznij od małych kroków, które będą łatwiejsze do wykonania. Na przykład, zamiast decydować się na codzienny trening, zacznij od dwóch lub trzech dni w tygodniu, a następnie stopniowo zwiększaj czas i częstotliwość.

3. Ustal plan

Ustalanie planu jest kluczowe dla tworzenia pozytywnych nawyków. Oto kilka kroków, które pomogą w ustaleniu planu:

1. Wybierz konkretny nawyk: Wybierz jeden konkretny nawyk, który chcesz wdrożyć. Upewnij się, że jest to nawyk, który ma wpływ na twoje cele.

2. Określ cele i cele pośrednie: Określ cele, które chcesz osiągnąć, wdrażając ten nawyk. Następnie określ cele pośrednie, które musisz osiągnąć, aby osiągnąć cel główny.

3. Określ kroki do wdrożenia: Określ konkretne kroki, jakie musisz podjąć, aby wdrożyć ten nawyk. Upewnij się, że kroki są realistyczne i osiągalne.

4. Stwórz harmonogram: Stwórz harmonogram, który pomoże ci wdrożyć ten nawyk. Określ, jak często będziesz wdrażać ten nawyk i kiedy będziesz to robić. Możesz na przykład ustawić sobie przypomnienia w kalendarzu lub w aplikacji, aby pamiętać o wdrożeniu tego nawyku.

5. Monitoruj postępy: Monitoruj swoje postępy wdrożenia tego nawyku. Zapisuj, jakie kroki zostały wykonane i jakie efekty zostały osiągnięte. Możesz na przykład prowadzić dziennik, w którym będziesz zapisywać swoje postępy.

Ustalanie planu jest kluczowe dla wdrożenia pozytywnych nawyków. Ważne jest, aby plan był realistyczny i osiągalny, aby nie zniechęcać się na wstępie. Dlatego warto rozważyć podział celów na mniejsze cele pośrednie, co ułatwi realizację i dostarczy motywacji do dalszych działań. Monitorowanie postępów pozwoli na sprawdzenie skuteczności planu i ewentualne dostosowanie go do potrzeb.

4. Zapisz swoje postępy

Zapisywanie swoich postępów to ważny element w tworzeniu pozytywnych nawyków. Pozwala to na śledzenie swojego postępu oraz nauczanie się na błędach. Kilka sposobów, jak można zapisywać swoje postępy, to:

1. Dziennik treningowy - zapisywanie swoich osiągnięć każdego dnia w dziale treningowym lub na siłowni. W ten sposób można śledzić swoje postępy w określonym nawyku i zobaczyć, jak daleko się doszło.

2. Aplikacje do śledzenia postępu - wiele aplikacji mobilnych może pomóc w śledzeniu postępu w określonych nawykach. Takie aplikacje często oferują funkcje przypominające o wykonywaniu określonych działań, a także nagrody za osiągnięcie celów.

3. Osiągnięcia - można zapisywać swoje osiągnięcia w notatniku lub na liście i dodawać je po każdym udanym dniu. To daje poczucie sukcesu i motywuje do dalszej pracy nad swoim nawykiem.

4. Śledzenie postępów w formie graficznej - można tworzyć wykresy lub diagramy, które będą reprezentowały postępy w określonym nawyku. To wizualna reprezentacja postępów, która może być bardzo motywująca.

5. Dzielenie się swoim postępem z innymi - dzielenie się swoimi osiągnięciami z innymi może być bardzo motywujące i zachęcające. Można to zrobić poprzez publikowanie postów w mediach społecznościowych lub uczestniczenie w grupach wsparcia online.

Zapisywanie swoich postępów to kluczowy element w tworzeniu pozytywnych nawyków. Pomaga to śledzić swoje postępy, motywować się do dalszej pracy i nauczyć się na swoich błędach.

5. Bądź konsekwentny

Bądź konsekwentny w kształtowaniu pozytywnych nawyków jest kluczowy dla osiągnięcia sukcesu w realizacji celów. Oto kilka sposobów, jak utrzymać konsekwencję w tworzeniu nowych nawyków:

1. Utwórz plan dnia: Przygotuj harmonogram swoich działań, aby mieć pewność, że masz czas na wykonywanie nowych nawyków. Ustal konkretne godziny na ich wykonywanie i trzymaj się ich.

2. Przypomnij sobie o celu: Regularnie przypominaj sobie, dlaczego chcesz zmienić swoje nawyki i osiągnąć swoje cele. Zapisz je w widocznym miejscu, np. na tablicy korkowej lub w notesie na biurku, aby mieć je zawsze na wyciągnięcie ręki.

3. Zachowaj pozytywne myślenie: Koncentruj się na swoich postępach, a nie na porażkach. Nawet jeśli czasami popełnisz błędy lub nie będziesz w stanie wykonać nowego nawyku, nie poddawaj się. Przypomnij sobie, że każdego dnia masz nową szansę na poprawienie swojego postępu.

4. Wykorzystaj technologię: W dzisiejszych czasach istnieje wiele aplikacji mobilnych i narzędzi internetowych, które mogą pomóc w kształtowaniu nawyków. Możesz wykorzystać aplikacje, które przypominają o konieczności wykonania określonego zadania lub śledzą Twoje postępy w osiąganiu celu.

5. Znajdź partnera do współpracy: Znajdź kogoś, kto również dąży do realizacji swoich celów i razem stwórzcie nawyk, który chcecie wdrożyć. Wspierajcie się nawzajem i motywujcie do wytrwania w swoich postanowieniach.

6. Nagradzaj siebie: Ustal nagrody dla siebie, gdy osiągniesz swoje cele. To może być coś prostego, np. wieczór spędzony z przyjaciółmi lub nowy gadżet. Nagradzanie siebie może pomóc w utrzymaniu motywacji i konsekwencji w realizacji nowych nawyków.

Bądź konsekwentny w tworzeniu pozytywnych nawyków jest kluczem do osiągnięcia sukcesu w realizacji celów. Pamiętaj, że to proces, który wymaga czasu i cierpliwości, ale z czasem stanie się łatwiejszy i bardziej naturalny.

6. Motywuj się

Motywowanie się jest kluczowe w procesie tworzenia pozytywnych nawyków. Oto kilka sposobów, jak możesz zmotywować się do utrzymywania nowych nawyków:

1. Przypomnij sobie, dlaczego zdecydowałeś się na utworzenie tego nawyku. Przypomnienie sobie celu i korzyści, jakie przynosi, może być bardzo motywujące.

2. Nagradzaj siebie za postępy. Wprowadzając nowy nawyk, nie musisz czekać na osiągnięcie całkowitej zmiany. Nagradzaj siebie za każdy postęp, jaki robisz na drodze do celu.

3. Szukaj wsparcia wśród przyjaciół lub rodziny. Często łatwiej jest utrzymać nawyk, gdy masz kogoś, kto cię wspiera i motywuje.

4. Korzystaj z aplikacji do śledzenia postępów. Dzięki aplikacjom do śledzenia nawyków możesz monitorować swoje postępy i dostawać powiadomienia o tym, co musisz zrobić każdego dnia.

5. Używaj afirmacji. Afirmacje to pozytywne stwierdzenia, które pomagają zmienić negatywne myśli na pozytywne i motywujące. Powtarzaj afirmacje związane z twoim nowym nawykiem każdego dnia.

6. Znajdź inspirację w innych ludziach. Zobacz, jak inni osiągnęli sukces w osiąganiu swoich celów i jakie nawyki im to umożliwiły. To może być bardzo motywujące i dodać ci sił do utrzymywania nowego nawyku.

Pamiętaj, że motywacja to proces, który wymaga pracy i zaangażowania. Nie zawsze łatwo jest utrzymać wysoki poziom motywacji, ale warto robić to regularnie, aby osiągnąć swoje cele.

7. Przełamuj bariery

Przełamywanie barier to kolejny ważny element w tworzeniu pozytywnych nawyków. Często zdarza się, że pomimo założenia sobie celu i ustalenia planu działania, napotykamy na różne przeszkody i trudności, które utrudniają nam kontynuowanie wyznaczonej drogi.

Aby przełamywać bariery, warto zastanowić się, co jest źródłem naszych trudności. Często może to być brak czasu, motywacji, energii czy też wiedzy na temat danego działania. W takim przypadku warto szukać sposobów na usprawnienie swojego działania, tak aby zmniejszyć te bariery.

Można również poszukać wsparcia w grupie lub u ekspertów. Często inni ludzie posiadają wiedzę i doświadczenie, które mogą nam pomóc w pokonywaniu trudności. Istotne jest również, aby być otwartym na zmiany i próbować różnych podejść, a w razie niepowodzenia, nie poddawać się i szukać kolejnych sposobów na przełamanie bariery.

Przykładem może być chęć zaczęcia regularnego treningu, ale napotkanie trudności w dostosowaniu treningu do swojego planu dnia. Aby przełamać tę barierę, można spróbować znaleźć godziny w ciągu dnia, które nie są już zaplanowane i przeznaczyć je na trening. Można również szukać wsparcia w postaci trenera personalnego lub znajomych, którzy już trenują i chętnie pomogą w organizacji czasu.

Ważne jest, aby pamiętać, że każda bariera, którą pokonujemy, przynosi nam satysfakcję i dodatkową motywację do działania.

Zauważ, że jest to kluczowe dla osiągania długoterminowych celów. Określenie celu oraz wybór odpowiedniego nawyku są pierwszymi krokami do osiągnięcia sukcesu. Następnie warto ustalić plan działania, zapisywać postępy, być konsekwentnym i motywować się do dalszej pracy. Ważne jest również przełamywanie barier i staranie się utrzymać nawyk, aby stał się on naturalnym elementem codziennego życia. Dzięki tym krokom, tworzenie pozytywnych nawyków staje się łatwiejsze i bardziej skuteczne, a osiągnięcie wyznaczonego celu staje się bardziej realne.

Pamiętajmy, że każdy ma w sobie potencjał do zmiany i stworzenia pozytywnych nawyków, które pozwolą nam na osiągnięcie wyznaczonych celów. Warto też pamiętać, że proces tworzenia nawyku wymaga czasu i cierpliwości, ale z każdym dniem będzie on stawał się coraz bardziej naturalny i łatwiejszy do utrzymania.

7. Utrzymywanie motywacji

W dzisiejszym świecie, pełnym rozpraszaczy i wymagań, utrzymanie motywacji jest kluczowe do osiągnięcia sukcesu w różnych obszarach życia. Bez niej łatwo popaść w bezczynność i stagnację, co uniemożliwia realizację swoich celów i marzeń. W tym rozdziale poznasz kilka sposobów na utrzymanie motywacji w codziennym życiu.

1. Określ swoje cele

Określenie celów jest kluczowym elementem motywacji. Bez jasno określonego celu, trudno jest w pełni zaangażować się w działania, które prowadzą do osiągnięcia sukcesu. Dlatego, aby utrzymać motywację, należy zawsze mieć na uwadze swoje cele.

Zanim jednak określimy cele, ważne jest, aby zastanowić się, co dla nas jest ważne i jakie wartości kierują naszym życiem. Kiedy już to ustalimy, możemy przystąpić do określania konkretnych celów.

Cele powinny być SMART, czyli:

- Specific (konkretne) – muszą być dokładnie określone.
- Measurable (mierzalne) – muszą dać się zmierzyć, aby móc określić, czy zostały osiągnięte.
- Achievable (osiągalne) – muszą być realistyczne i możliwe do osiągnięcia.
- Relevant (istotne) – muszą być związane z naszymi wartościami i dążyć do osiągnięcia naszej wizji życia.
- Time-bound (określone czasowo) – muszą mieć

konkretny termin realizacji.

Dzięki spełnieniu tych kryteriów, cele stają się bardziej zrozumiałe i łatwiejsze do realizacji.

2. Stwórz plan działania

Tworzenie planów działania to kluczowy element w utrzymaniu motywacji i osiągnięciu celów. Bez konkretnego planu, cele pozostają jedynie marzeniami, a droga do ich osiągnięcia wydaje się zbyt niejasna i trudna. Oto kilka kroków, które pomogą Ci w tworzeniu skutecznych planów działania:

1. Spisz cele: Zanim zaczniesz tworzyć plan działania, upewnij się, że Twoje cele są jasno określone i konkretnie sformułowane. Spisz je na kartce papieru, aby mieć je zawsze przed oczami.

2. Określ priorytety: Jeśli masz wiele celów, ważne jest, aby określić, które z nich są najważniejsze. Skupiaj się na tych, które mają największe znaczenie dla Ciebie i dają największą wartość.

3. Podziel cele na mniejsze kroki: Duże cele mogą wydawać się przytłaczające, dlatego podziel je na mniejsze kroki. Każdy krok powinien być jak najbardziej konkretne i mierzalne.

4. Ustal harmonogram działań: Określ, kiedy i jak często będziesz podejmował działania, aby osiągnąć swój cel. Wybierz określone dni lub godziny, kiedy będziesz pracować nad swoim celem.

5. Użyj technologii: Korzystaj z narzędzi, które ułatwiają Ci osiągnięcie celów. Wykorzystaj aplikacje i narzędzia do zarządzania czasem lub do śledzenia postępów.

6. Dostosuj swoje plany: Plan działania nie musi być sztywny i niezmienialny. Jeśli coś nie działa, dostosuj swoje plany do sytuacji. Uważaj jednak, aby nie tracić celu z oczu i nie rezygnować z niego zbyt łatwo.

Pamiętaj, że plan działania jest tylko narzędziem, które pomaga Ci osiągnąć cele. Ważne jest, aby pozostać zdeterminowanym i konsekwentnym w swoich działaniach, aby osiągnąć sukces.

3. Szukaj inspiracji

Czasami trudno jest utrzymać stałą motywację, szczególnie kiedy natrafimy na przeszkody lub trudności. W takich sytuacjach warto szukać inspiracji, aby zachęcić się do kontynuowania pracy i dążenia do swoich celów. Poniżej przedstawiam kilka sposobów, jak można znaleźć inspirację:

1. Czytanie książek: Czytanie inspirujących książek może pomóc w utrzymaniu pozytywnego nastawienia i zmotywować do działania. Wybierz książki związane z twoim celem lub dziedziną, w której chcesz osiągnąć sukces. Książki o życiu ludzi sukcesu również mogą pomóc w zmotywowaniu.

2. Słuchanie podcastów: Podcasty to świetne źródło inspiracji. Istnieje wiele podcastów, które poruszają tematy związane z rozwojem osobistym, biznesem, karierą, zdrowiem i fitness. Można ich słuchać podczas codziennych czynności, takich jak praca w ogrodzie, sprzątanie czy podczas treningu.

3. Wizualizacja: Wizualizacja to metoda, która może pomóc w utrzymaniu motywacji do osiągania celów. Wizualizuj swoje cele

i obrazuj sobie, jak wygląda Twoje życie, kiedy je osiągniesz. To pomoże Ci zobaczyć cel i zmotywować Cię do działania.

4. Rozmowa z innymi: Rozmowa z innymi ludźmi, którzy odnieśli sukces w dziedzinie, która Cię interesuje, może być bardzo inspirująca. Zadaj pytania i dowiedz się, jakie kroki podjęli, aby osiągnąć sukces.

5. Śledzenie mediów społecznościowych: Współczesne media społecznościowe to ogromne źródło inspiracji. Śledź ludzi,

którzy osiągnęli sukces w dziedzinie, która Cię interesuje, i czerp z nich inspirację.

6. Działanie: Działanie samo w sobie może być źródłem inspiracji. Często podczas działania pojawiają się nowe pomysły i sposoby na osiągnięcie celów. Dlatego ważne jest, aby nie przestawać działać i szukać inspiracji w tym, co robisz.

Pamiętaj, że inspiracja może przyjść z wielu źródeł. Ważne jest, aby nie tracić motywacji i szukać jej, gdzie tylko jest to możliwe.

4. Pamiętaj o korzyściach

Pamiętanie o korzyściach jest kluczowe w utrzymaniu motywacji. Kiedy zaczynamy wprowadzać zmiany w swoim życiu, często pojawiają się trudne momenty, w których kwestionujemy swoje decyzje i wątpimy w swoje możliwości. Dlatego ważne jest, aby skupić się na korzyściach, jakie przyniesie nam osiągnięcie naszego celu.

Może to być na przykład poprawa zdrowia, zwiększenie samoakceptacji, osiągnięcie sukcesu zawodowego czy zbudowanie lepszych relacji z innymi ludźmi. Pamiętając o tym, co chcemy osiągnąć i jakie korzyści z tego wynikają, zwiększamy swoją motywację i łatwiej jest nam przetrwać trudne momenty.

Warto także regularnie odświeżać swoją listę korzyści i dodawać do niej nowe punkty, aby utrzymać swoją motywację na stałym poziomie. To pozwoli nam na przypomnienie sobie, dlaczego zaczęliśmy działać w danym kierunku i co zyskamy, osiągając nasze cele.

5. Utrzymuj pozytywne myślenie

Utrzymywanie pozytywnego myślenia to ważny element utrzymania motywacji. Kiedy skupiamy się na negatywnych myślach i trudnościach,

łatwo się zniechęcić i stracić zapał do realizacji celów. Dlatego ważne jest, aby świadomie pracować nad pozytywnym myśleniem i wykorzystywać afirmacje, czyli pozytywne zdania dotyczące siebie i swojego życia.

Możesz zacząć od zapisania kilku pozytywnych myśli na kartce, które będziesz czytać codziennie rano, aby rozpocząć dzień w dobrym nastroju. Możesz również wykorzystać technikę wizualizacji, czyli wyobrażanie sobie realizacji swoich celów i pozytywnych skutków, jakie przyniosą.

Pamiętaj, że pozytywne myślenie to proces, który wymaga praktyki i ciągłego wysiłku. Nie oznacza to jednak, że musisz ignorować trudności i problemy. Pozytywne myślenie polega na szukaniu rozwiązań i pozytywnych aspektów sytuacji, nawet jeśli wydają się one trudne czy skomplikowane.

Utrzymywanie pozytywnego myślenia może pomóc Ci w utrzymaniu motywacji i przełamywaniu przeszkód na drodze do osiągania celów.

6. Nagradzaj siebie

Nagradzanie siebie za osiągnięcia i postępy jest ważnym elementem utrzymania motywacji. Dlatego warto wyznaczyć sobie cele, po osiągnięciu których nagrodzisz siebie czymś miłym. Nagroda może być czymś małym, na przykład pysznym deserem lub filmem, na który dawno nie miało się czasu. Można też zdecydować się na nagrodę większą, taką jak wycieczka czy zakup wymarzonej rzeczy.

Ważne jest jednak, aby nagrody nie były sprzeczne z celami, które sobie wyznaczamy. Na przykład, jeśli chcemy schudnąć, nie warto nagradzać siebie wysokokalorycznym jedzeniem za każde odrobione kilogramy. Lepiej wybrać coś, co pozytywnie wpłynie na nasze zdrowie, na przykład wizytę w spa lub wycieczkę rowerową.

Nagradzanie siebie jest również sposobem na uznanie swoich wysiłków i na to, abyśmy czuli się docenieni. Dzięki temu łatwiej utrzymać motywację i dążyć do osiągania swoich celów.

7. Ciesz się drobnymi sukcesami

Cieszenie się drobnymi sukcesami to bardzo ważny element utrzymywania motywacji. Wiele osób skupia się jedynie na końcowym celu, zapominając o tym, że droga do niego składa się z wielu małych kroków i sukcesów. Dlatego ważne jest, aby doceniać i celebrować każdy krok w drodze do celu.

Można zrobić to na wiele sposobów. Można np. zapisywać w dzienniku każdy sukces, niezależnie od tego, jak mały był. Można też nagradzać siebie za każdy sukces, np. kupując sobie ulubione jedzenie, czy też uprawiając ulubiony sport.

Ważne jest, aby nie bagatelizować drobnych sukcesów, ponieważ one stanowią fundament i motywację do dalszego działania. Cieszenie się każdym małym krokiem sprawi, że będzie łatwiej zachować pozytywne nastawienie i utrzymać motywację w dłuższej perspektywie czasowej.

8. Nie bój się porażki

To bardzo ważne przesłanie dla każdego, kto dąży do osiągnięcia swoich celów. Często zdarza się, że nasze plany i działania nie przynoszą oczekiwanych efektów i wówczas możemy odczuwać rozczarowanie, poczucie porażki i utratę motywacji. Jednak ważne jest, aby nie poddawać się i nie traktować porażki jako końca drogi, ale jako okazję do nauki i rozwoju.

Praca nad osiągnięciem celów to proces, który wymaga wytrwałości, determinacji i cierpliwości. Warto pamiętać, że każdy kto osiągnął sukcesy, również musiał zmagać się z przeszkodami i porażkami. Kluczowym elementem jest podejście pozytywne, które pozwoli nam na odniesienie pozytywnych wniosków z każdej sytuacji, nawet tej, która na początku wydawała się porażką.

Ważne jest, aby patrzeć na porażkę jako na okazję do nauki i poprawy swoich działań. Możemy zastanowić się, co poszło nie tak i co możemy zrobić inaczej, aby osiągnąć lepszy wynik. W ten sposób każda porażka staje się szansą na rozwój i ulepszanie swoich umiejętności.

Brak strachu przed porażką to także zachęta do podejmowania ryzyka i podejmowania nowych wyzwań. Pamiętajmy, że nie osiągniemy niczego, jeśli będziemy się bać podejmowania działań i ryzyka. Warto wyjść ze swojej strefy komfortu i podejść do każdej sytuacji z pozytywnym nastawieniem i otwartością na naukę i rozwój.

Podsumowując, utrzymanie motywacji jest kluczowe w osiąganiu celów i sukcesu w życiu. Warto pamiętać, że motywacja jest w naszej mocy, ale wymaga stałej pracy i pielęgnowania. Określenie celów, tworzenie planów działania, szukanie inspiracji, pamiętanie o korzyściach, utrzymywanie pozytywnego myślenia, nagradzanie siebie, nie bojenie się porażki oraz cieszenie się drobnymi sukcesami to tylko niektóre z metod utrzymywania motywacji. Warto eksperymentować i znaleźć metody, które działają najlepiej dla nas. Dzięki temu możemy osiągać cele i spełniać marzenia, ciesząc się po drodze każdym krokiem, którym się do nich zbliżamy.

8. Motywacja w sporcie

Sport to dziedzina, która wymaga wiele wysiłku, determinacji i wytrwałości. Aby osiągnąć sukcesy, sportowcy muszą nie tylko wykazać się umiejętnościami technicznymi i taktycznymi, ale również mieć silną motywację. Motywacja jest kluczowa w sporcie, ponieważ to ona napędza sportowca do ciągłego doskonalenia się i pokonywania własnych słabości. W tym rozdziale omówimy, co to jest motywacja w sporcie, jakie są jej rodzaje oraz jak ważne jest jej utrzymanie w trudnych momentach.

1. Określ swoje cele

Podobnie jak w przypadku każdej dziedziny życia, określenie celów jest kluczowe w przypadku sportu. Bez jasno wyznaczonych celów ciężko jest wytrwać w treningach i pracować nad poprawą swojego wyniku. Określ swoje cele na krótki i długi okres, np. na najbliższy miesiąc, rok czy nawet kilka lat. Dzięki temu będziesz miał wyznacznik, do którego będziesz dążył.

2. Wybierz sport, który Cię interesuje

Jeśli chodzi o motywację w sporcie, warto zacząć od wyboru dyscypliny, która nas interesuje. Może to być sport indywidualny, takie jak bieganie czy kolarstwo, albo zespołowy, takie jak piłka nożna czy koszykówka. Ważne jest, aby wybór ten był zgodny z naszymi zainteresowaniami i predyspozycjami, ponieważ wtedy większa szansa, że będziemy mieli motywację do regularnego uprawiania sportu i osiągania coraz lepszych wyników. Ważne jest także, aby pamiętać, że każda dyscyplina sportowa wymaga innego podejścia i innych umiejętności, dlatego warto zastanowić się, która z nich będzie dla nas najbardziej odpowiednia.

3. Znajdź trenera lub partnera do treningów

Znalezienie odpowiedniego trenera lub partnera treningowego może znacznie wpłynąć na naszą motywację w sporcie. Trener lub partner treningowy może nam pomóc ustalić cele treningowe, dostosować program treningowy do naszych potrzeb, monitorować nasze postępy oraz motywować nas do osiągania kolejnych sukcesów.

Jeśli chodzi o wybór trenera, warto poszukać kogoś, kto ma doświadczenie w naszej dziedzinie sportu i jest zgodny z naszymi wartościami i stylami treningowymi. Ważne jest również, aby trener był w stanie nas motywować i pomóc nam w pokonywaniu przeszkód. Można poszukać trenerów poprzez internet, w klubach sportowych lub zapytać znajomych o polecenia.

Partner treningowy to osoba, z którą będziemy regularnie trenować i motywować się nawzajem. Partnerem treningowym może być osoba o podobnym poziomie umiejętności lub osoba bardziej doświadczona, która pomoże nam podnieść nasze umiejętności. Warto wybrać osobę, z którą dobrze się dogadujemy i która będzie motywować nas do regularnych treningów.

Niektórzy ludzie preferują indywidualne treningi, a inni wolą trenować z partnerem lub w grupie. Wybór zależy od naszych preferencji i potrzeb. Ważne jest, aby znaleźć sposób treningu, który będzie nas motywował i sprawi, że będziemy cieszyć się sportem.

4. Utrzymuj pozytywne myślenie

Utrzymywanie pozytywnego myślenia to kluczowy element motywacji w sporcie. Zdarzają się dni, w których trening wydaje się zbyt trudny, a wyniki na zawodach pozostawiają wiele do życzenia. W takich sytuacjach łatwo popaść w poczucie bezradności i zniechęcenia. Dlatego ważne jest, aby skupić się na pozytywnych aspektach treningów i zawodów.

Jednym z najlepszych sposobów na utrzymanie pozytywnego myślenia jest koncentrowanie się na postępach. Nie porównuj swoich wyników z innymi sportowcami, ale zwracaj uwagę na swoje osiągnięcia w porównaniu do swojego wcześniejszego ja. Bądź wdzięczny za to, co już osiągnąłeś, a nie skupiaj się na tym, co jeszcze przed Tobą.

Kolejnym sposobem na utrzymanie pozytywnego myślenia jest stosowanie afirmacji. Afirmacje to pozytywne zdania, które powtarzasz sobie w głowie lub na głos, aby wzmocnić swoją wiarę w siebie i swoje umiejętności. Przykłady afirmacji to: "Jestem silny i wytrwały", "Mam talent do tego sportu", "Jestem w stanie osiągnąć swoje cele".

Warto również unikać negatywnych myśli i przekonań, które mogą hamować Twoją motywację. Zamiast mówić sobie, że coś jest niemożliwe, skup się na szukaniu sposobów, aby to osiągnąć. Zamiast skupiać się na swoich słabościach, skoncentruj się na swoich mocnych stronach i rozwijaniu ich jeszcze bardziej.

Pamiętaj, że pozytywne myślenie nie oznacza ignorowania problemów i trudności. To raczej sposób na radzenie sobie z nimi w sposób konstruktywny i optymistyczny. Zamiast skupiać się na problemie, skup się na jego rozwiązaniu i poszukiwaniu sposobów na poprawę.

Wreszcie, ważne jest, aby otaczać się pozytywnymi ludźmi, którzy będą Cię wspierać i motywować. Trener, partner do treningów lub rodzina i przyjaciele mogą być cennymi źródłami wsparcia i inspiracji w trudnych momentach. Wspólna praca nad osiągnięciem celów i wzajemne motywowanie się może prowadzić do jeszcze większych sukcesów w sporcie.

5. Pamiętaj o korzyściach

Pamiętanie o korzyściach wynikających z uprawiania sportu jest jednym z kluczowych czynników motywacji w sporcie. Te korzyści mogą obejmować poprawę zdrowia fizycznego, emocjonalnego i psychicznego, zwiększenie samooceny i poczucia własnej wartości, a także poprawę relacji społecznych.

Warto zastanowić się, jakie korzyści wynikają dla Ciebie z uprawiania sportu i zanotować je. Mogą to być zarówno krótko-, jak i długoterminowe cele. Ważne, aby w trudniejszych momentach przypominać sobie o nich i wykorzystywać jako motywator.

Przykładowe korzyści z uprawiania sportu to:

- Poprawa zdrowia fizycznego - wzmocnienie mięśni i kości, lepsza kondycja i wytrzymałość, mniejsze ryzyko chorób serca, cukrzycy i innych chorób przewlekłych.

- Poprawa zdrowia emocjonalnego i psychicznego - zwiększenie poziomu endorfin i dopaminy, zmniejszenie stresu i lęku, poprawa nastroju, lepsza jakość snu.

- Poprawa samooceny i poczucia własnej wartości - osiąganie celów i poprawa umiejętności sportowych, zdobywanie nowych doświadczeń, rozwijanie się.

- Poprawa relacji społecznych - poznawanie nowych ludzi, nawiązywanie przyjaźni, uczestnictwo w zespołach i drużynach.

Pamiętaj, że każdy ma swoje indywidualne korzyści wynikające z uprawiania sportu, a te korzyści mogą się zmieniać w czasie. Ważne, aby je określić i wykorzystać jako motywator w osiąganiu swoich celów sportowych.

6. Utrzymuj się w ruchu

Utrzymywanie aktywności fizycznej jest kluczowe dla motywacji w sporcie. Nie tylko pozwala na osiąganie lepszych wyników, ale również wpływa pozytywnie na zdrowie i samopoczucie. Ważne jest, aby znaleźć odpowiednią formę aktywności, która będzie dostarczała radości i satysfakcji.

Istnieje wiele sposobów na utrzymanie aktywności fizycznej w ramach uprawiania sportu. Można zacząć od krótkich sesji treningowych, które można stopniowo wydłużać. Warto też wybierać różnorodne formy aktywności, np. bieganie, pływanie, jazda na rowerze, czy trening siłowy. Dzięki temu unikniemy monotonii i będziemy mieli większą motywację do treningów.

Ważnym elementem utrzymywania aktywności fizycznej jest również systematyczność. Regularne treningi pozwolą na utrzymywanie formy i przyspieszenie postępów w uprawianiu sportu. Warto stawiać sobie cel treningowy, np. uczestnictwo w zawodach, co dodatkowo zmotywuje do regularnych treningów.

Nie należy też zapominać o właściwej diecie i regeneracji organizmu. Wystarczający odpoczynek i odpowiednia ilość snu są kluczowe dla utrzymania motywacji i chęci do treningów.

Wreszcie, ważne jest, aby doceniać swoje osiągnięcia i cieszyć się każdym postępem. Nawet drobne sukcesy, jak zwiększenie dystansu podczas biegu czy poprawienie techniki w trudniejszej formie sportu, są powodem do dumy i motywacji do dalszego rozwoju.

W sumie, utrzymywanie się w ruchu to ważna część motywacji w sporcie. Regularne treningi, systematyczność, różnorodność, dieta i regeneracja oraz docenienie swoich sukcesów to kluczowe elementy, które pozwolą nam zachować motywację i osiągać lepsze wyniki.

Warto pamiętać, że motywacja jest kluczowa w osiąganiu celów sportowych. Bez niej ciężko jest wytrwać w treningach, pokonać własne słabości i zmierzyć się z wyzwaniami. Dlatego tak ważne jest, aby stale pracować nad swoją motywacją, szukać inspiracji, otaczać się osobami, które nas wspierają, a także pamiętać o korzyściach, jakie niesie ze sobą uprawianie sportu. W ten sposób z pewnością uda nam się osiągnąć nasze cele i cieszyć się z sukcesów, które osiągniemy na drodze do ich realizacji.

9. Motywacja w edukacji

W dzisiejszych czasach edukacja odgrywa niezwykle ważną rolę w naszym życiu. Dobra edukacja może otworzyć przed nami wiele możliwości i ułatwić osiągnięcie naszych celów. Jednakże nauka nie zawsze jest łatwa i przyjemna. Często wymaga dużo wysiłku, czasu i cierpliwości, co może prowadzić do utraty motywacji i skutkować mniejszymi sukcesami. W tym rozdziale omówimy, jak utrzymać motywację w edukacji i osiągnąć sukcesy w nauce.

1. Określ cel

Ważnym krokiem w motywowaniu uczniów jest określenie celów edukacyjnych. Nauczyciele i rodzice powinni pomóc uczniom w ustanowieniu celów, które są konkretniejsze i łatwiejsze do osiągnięcia. Określenie krótkoterminowych celów może pomóc uczniom w zobaczeniu postępu i motywować ich do kontynuowania pracy.

2. Używaj różnych metod nauczania

Używanie różnych metod nauczania to kluczowy element motywacji w edukacji. Uczniowie mają różne style uczenia się i różne poziomy zainteresowania różnymi tematami. Dlatego ważne jest, aby nauczyciele stosowali różnorodne metody nauczania, które mogą przyciągnąć i zainteresować uczniów.

Jedną z popularnych metod nauczania jest metoda projektów. Metoda ta polega na zaprojektowaniu przez uczniów projektu, który wymaga zaangażowania i pracy przez określony czas.

Uczniowie pracując w grupach rozwijają swoje umiejętności kreatywnego myślenia, komunikacji i rozwiązywania problemów. Ta metoda nauczania angażuje uczniów w proces nauki, co pomaga wzmocnić ich motywację.

Kolejną metodą nauczania jest wykorzystanie technologii w edukacji. Dzięki technologii nauczanie staje się bardziej interaktywne i ciekawsze dla uczniów. Nauczyciele mogą wykorzystać różne narzędzia takie jak prezentacje multimedialne, gry edukacyjne, filmy, wideo, itp. aby przyciągnąć uwagę uczniów i pomóc im zrozumieć materiał w sposób łatwiejszy i bardziej interesujący.

Inną popularną metodą nauczania jest metoda dyskusji. Metoda ta polega na prowadzeniu dyskusji przez uczniów w grupie na temat różnych kwestii związanych z nauką. Uczniowie są zachęcani do wyrażania swoich opinii, zadawania pytań i wymiany pomysłów. Metoda ta pomaga wzmocnić umiejętności komunikacji, słuchania i analizowania.

Wreszcie, jedną z kluczowych metod nauczania jest dopasowanie materiału do poziomu i zainteresowań uczniów. Nauczyciele muszą indywidualnie podejść do każdego ucznia i wykorzystać różne techniki nauczania, które są najlepiej dopasowane do ich poziomu umiejętności i zainteresowań. Dzięki temu uczniowie czują się bardziej zmotywowani do nauki i osiągają lepsze wyniki.

W sumie, stosowanie różnorodnych metod nauczania jest kluczowe dla wzmocnienia motywacji uczniów w edukacji. Nauczyciele powinni wykorzystywać różne techniki nauczania, aby przyciągnąć i zainteresować uczniów oraz dopasować materiał do ich poziomu umiejętności i zainteresowań.

3. Otwarcie się na pozytywną krytykę i docenianie swoich postępów

Często zdarza się, że uczniowie zbyt mocno skupiają się na swoich błędach i porażkach, co prowadzi do utraty motywacji i wiary we własne umiejętności. Dlatego ważne jest, aby zawsze starać się dostrzegać swoje postępy i sukcesy, a także przyjmować pozytywną krytykę jako wskazówkę do dalszej pracy.

Kiedy otrzymujemy pozytywne komentarze i feedback na temat naszych osiągnięć, czujemy się docenieni i motywowani do dalszej pracy. Dlatego warto rozwijać umiejętność doceniania swoich postępów i osiągnięć oraz szukać pozytywnej krytyki od nauczycieli, mentora czy innych osób, które mogą nam pomóc w naszej edukacji.

Jednakże, ważne jest również umiejętne przyjmowanie konstruktywnej krytyki. Warto zwracać uwagę na to, co powiedział nam nauczyciel czy mentor, a następnie skupić się na pracy nad tym, co można poprawić. W ten sposób, zamiast zrażać się i tracić motywację, będziemy się rozwijać i coraz bardziej doskonalić swoje umiejętności.

Warto również pamiętać, że nie zawsze osiągamy natychmiastowy sukces, ale drobne kroki i postępy, jakie osiągamy, również mają wartość. Dlatego ważne jest, aby doceniać każde nasze osiągnięcie, nawet jeśli jest to tylko niewielki krok do przodu. To pozwoli nam na utrzymanie motywacji i dalszą pracę nad osiągnięciem naszych celów w edukacji.

4. Zachęcaj do współpracy

Edukacja to proces dwustronny i potrzebna jest współpraca ze strony innych osób, w tym nauczycieli, kolegów z klasy czy przyjaciół. Z perspektywy dorosłej osoby uczącej się, zachęcanie do współpracy z innymi może oznaczać szukanie mentorów lub ekspertów w dziedzinie, którą chcemy się nauczyć. Możemy też szukać grupy ludzi o podobnych zainteresowaniach i celach edukacyjnych, z którymi będziemy mogli się dzielić wiedzą i doświadczeniami oraz wzajemnie motywować do osiągania lepszych wyników.

Współpraca z innymi może również obejmować udział w projektach grupowych lub warsztatach, które pozwalają na wymianę pomysłów i uczenie się od innych. W ten sposób możemy nauczyć się nowych umiejętności, nawiązać nowe kontakty i zbudować pozytywne relacje z ludźmi, którzy podzielają nasze zainteresowania.

Kluczowe jest również otwarcie się na feedback i konstruktywną krytykę ze strony innych, co pozwala nam na ciągłe doskonalenie swoich umiejętności i rozwijanie się jako osoby. Dlatego ważne jest, abyśmy byli otwarci na opinie innych, a jednocześnie nie tracili pewności siebie i nie porównywali swoich osiągnięć do innych, ale skupili się na swoim indywidualnym rozwoju.

5. Utrzymuj pozytywną atmosferę

Kiedy uczymy się czegoś nowego, ważne jest, aby otoczyć się pozytywną atmosferą. Wszyscy mamy lepszy nastrój, gdy mamy dobre relacje z innymi ludźmi i jesteśmy w otoczeniu pozytywnych emocji. Dlatego, jeśli chcemy utrzymać motywację w nauce, warto starać się utrzymać pozytywną atmosferę.

Można to osiągnąć poprzez rozmowę z innymi uczącymi się i dzielenie się swoimi osiągnięciami. Wspieranie się nawzajem i kibicowanie sobie w trudniejszych momentach również przyczyni się do utrzymania motywacji.

Oprócz tego, warto znaleźć miejsce, w którym czujemy się komfortowo i swobodnie, np. bibliotekę lub kawiarnię, gdzie można skupić się na nauce. Dobrze jest także zadbać o odpowiednie warunki do nauki, takie jak dobre oświetlenie i wygodne krzesło.

Nie należy także zapominać o sobie i swoich potrzebach. Odpoczynek i czas wolny są równie ważne, co nauka. Warto zrobić sobie przerwę od nauki, poćwiczyć, poczytać książkę lub spotkać się ze znajomymi. W ten sposób, po powrocie do nauki, będziemy bardziej zmotywowani i skoncentrowani.

6. Dostarczaj pozytywne wzorce

Dostarczanie pozytywnych wzorców to ważny element motywacji w edukacji, zarówno dla uczniów, jak i dla osób dorosłych uczących się.

Można to robić poprzez udostępnianie historii sukcesu innych ludzi, którzy osiągnęli swoje cele dzięki wytrwałości i ciężkiej pracy. Takie historie inspirują i motywują do działania, pokazując, że nawet najtrudniejsze cele są osiągalne, jeśli się do nich dąży z determinacją.

Można również dostarczać pozytywne wzorce poprzez swoje własne zachowanie i podejście do nauki. Jeśli osoba dorosła, która uczy się, zachowuje pozytywną postawę i podejście do trudności, to może stanowić inspirację dla innych uczących się w grupie. Pokazując, że trudności są naturalną częścią nauki i że można je pokonać, osoba ta może przekazać pozytywną energię i motywację innym.

Wreszcie, można również dostarczać pozytywne wzorce poprzez swoje osiągnięcia. Kiedy osoba dorosła, która uczy się, osiąga cele i osiągnięcia, może stać się inspiracją dla innych, pokazując, że ciężka praca i wytrwałość przynoszą pozytywne rezultaty. To może zachęcać innych uczących się do dążenia do swoich celów i inspirować ich do osiągania własnych sukcesów.

7. Wykorzystaj swoje zainteresowania

Z punktu widzenia edukacji, wykorzystywanie swoich zainteresowań jest jednym ze sposobów na podtrzymanie motywacji i zwiększenie skuteczności nauki. Jeśli jesteśmy zainteresowani danym tematem lub zagadnieniem, jesteśmy bardziej skłonni do przyswajania wiedzy na jego temat i angażowania się w proces nauki.

Jeśli uczymy się czegoś, co nas interesuje, automatycznie jesteśmy bardziej zaangażowani i chętniej podejmujemy dodatkowe działania, takie jak dodatkowe badania, czytanie materiałów dodatkowych i szukanie innych źródeł informacji. Ponadto, wykorzystanie swoich zainteresowań w procesie nauki może pomóc w zwiększeniu naszej kreatywności, umiejętności rozwiązywania problemów i podejmowania decyzji.

Dlatego ważne jest, aby w procesie edukacji wykorzystywać swoje zainteresowania, a jeśli jest to możliwe, wybierać kierunki nauki, które nas pasjonują. Dzięki temu łatwiej nam będzie utrzymać motywację i skuteczniej przyswajać wiedzę.

8. Wyzwij siebie

Rozwijanie swoich umiejętności i zdolności często wymaga od nas wyzwania samego siebie. Oznacza to, że musimy postawić sobie ambitne cele i podjąć wysiłek, aby je osiągnąć. Bez wyzwania siebie i przekraczania własnych granic, trudno jest osiągnąć sukces i rozwijać swoje umiejętności.

Wyzwanie siebie może przybierać różne formy, w zależności od naszych zainteresowań i celów. Możemy postawić sobie cel osiągnięcia określonego wyniku w nauce, w sporcie, w pracy lub w innej dziedzinie, w której chcemy się rozwijać. Możemy także podjąć wyzwanie w postaci zdobycia nowych umiejętności lub przełamania swoich lęków i ograniczeń.

Wyzwanie siebie może być trudne i wymagać wysiłku, ale jest to jednocześnie bardzo motywujące i pozwala nam osiągać coraz większe sukcesy. Warto pamiętać, że nie musimy osiągać spektakularnych wyników od razu - ważne jest, aby stopniowo rozwijać swoje umiejętności i nie poddawać się w trudnych momentach.

Podsumowując, wyzwanie siebie to kluczowy element motywacji i rozwoju osobistego. Postawienie sobie ambitnych celów i podjęcie wysiłku, aby je osiągnąć, pozwala nam rozwijać się i osiągać coraz większe sukcesy.

9. Szukaj inspiracji

Poszukiwanie inspiracji to kolejny ważny element motywacji w edukacji. Czasami zdarza się, że brakuje nam pomysłów lub energii do nauki.

W takiej sytuacji warto zwrócić się do różnych źródeł inspiracji, które pomogą nam się zmotywować i przypomną nam, dlaczego warto się uczyć.

Jednym z dobrych sposobów na znalezienie inspiracji jest rozmowa z innymi ludźmi. Można porozmawiać z nauczycielem lub innym mentorem, który może podzielić się swoimi doświadczeniami i wskazówkami. Można również porozmawiać z kolegami z klasy lub z innych grup, aby poznać ich pomysły i podejście do nauki.

Kolejnym sposobem na znalezienie inspiracji jest poszukiwanie informacji w internecie lub w książkach. Można szukać informacji na temat ciekawych projektów lub działań związanych z danym przedmiotem lub dziedziną. W ten sposób można odkryć różne sposoby na naukę i wykorzystać je do swojego własnego uczenia się.

Warto również poszukać inspiracji w życiu codziennym. Można zwrócić uwagę na to, jakie umiejętności lub wiedzę można wykorzystać w swoim życiu, aby osiągnąć swoje cele. Można zacząć od małych rzeczy, takich jak nauka gotowania lub języka obcego, a następnie stopniowo rozwijać swoje umiejętności i wiedzę.

W końcu, warto pamiętać, że inspiracja może przyjść z każdego źródła, nawet z tych, które początkowo nie wydają się związane z nauką. Dlatego ważne jest, aby być otwartym na nowe doświadczenia i pozwolić sobie na eksperymentowanie z różnymi sposobami nauki.

10. Skup się na swoich osiągnięciach

Skupianie się na swoich osiągnięciach jest kluczowe dla utrzymania motywacji w procesie nauki. Zamiast skupiać się na swoich porażkach,

warto spojrzeć na swoje postępy i osiągnięcia. Można to zrobić, tworząc listę rzeczy, które udało nam się zrobić, lub na które jesteśmy szczególnie dumni. Można również śledzić swoje postępy, prowadząc dziennik lub rejestrując swoje osiągnięcia w inny sposób.

Ważne jest, aby doceniać każdy mały sukces, ponieważ to właśnie one składają się na ogólny postęp w nauce. Zachęcajmy siebie do kontynuowania i dążenia do swoich celów, a jednocześnie patrzmy na to, co już udało nam się osiągnąć. Przypominanie sobie o swoich sukcesach może pomóc w utrzymaniu pozytywnej postawy i motywacji do dalszej nauki.

Wszystkie powyższe aspekty stanowią kluczowe elementy sukcesu w nauce. Dlatego, aby osiągnąć sukcesy w nauce, ważne jest, aby stosować te zasady i stale pracować nad swoją motywacją.

67

10. Podsumowanie

Podczas czytania tej książki poznaliśmy wiele sposobów na utrzymanie motywacji. Nauczyliśmy się określać cele, tworzyć plany działania, szukać inspiracji, pamiętać o korzyściach, utrzymywać pozytywne myślenie, nagradzać siebie za postępy, nie bać się porażek, cieszyć się drobnymi sukcesami, a także wykorzystywać swoje zainteresowania do osiągania lepszych wyników.

Przeanalizowaliśmy też trzy różne obszary życia, w których motywacja jest szczególnie ważna: w pracy, sporcie oraz edukacji. W każdym z tych obszarów przedstawiono konkretne sposoby na utrzymanie motywacji oraz zasady, które pomagają osiągać lepsze wyniki.

Książka ta przypomina nam, że motywacja jest kluczem do osiągania sukcesu i spełniania marzeń. To umiejętność, którą warto rozwijać i pielęgnować, ponieważ motywacja pozwala nam działać w kierunku realizacji naszych celów, nawet w trudnych momentach. Dzięki tej książce mamy wiele narzędzi i wskazówek, które pomogą nam utrzymać naszą motywację na wysokim poziomie.